EASY SPANISH WORD POWER GAMES

Marcia Seidletz

Printed on recyclable paper

PASSPORT BOOKS
a division of *NTC Publishing Group*
Lincolnwood, Illinois USA

1996 Printing

Published by Passport Books, a division of NTC Publishing Group.
© 1992 by NTC Publishing Group, 4255 West Touhy Avenue,
Lincolnwood (Chicago), Illinois 60646-1975 U.S.A.
All rights reserved. No part of this book may be reproduced, stored
in a retrieval system, or transmitted in any form or by any means,
electronic, mechanical, photocopying, recording or otherwise, without
the prior permission of NTC Publishing Group.
Manufactured in the United States of America.

6 7 8 9 0 VP 9 8 7 6 5 4

Introduction

Astound your friends and family! Amaze your teacher! End that frustrating search for just the right word . . . and have fun in the process! Puzzles and word games sharpen your vocabulary skills and hone your eye for detail. *Easy Spanish Word Power Games* has been designed to test and expand your knowledge of Spanish vocabulary in ways that will both challenge and amuse you. In fact, you may discover that you know more than you thought!

The games in this collection include *anagramas* (anagrams), *categorías* (categories), *laberintos* (labyrinths or mazes), *cruces de palabras* (word crosses), *restapalabras* (word subtractions), *códigos* (word codes), *claverbos* (verb keys), and *arcos de letras* (letter arches). The games and puzzles cover essential vocabulary groups such as clothing, furniture, animals, and months of the year. As you play the games and solve the puzzles, you will find your word power increasing steadily.

Challenge yourself or invite your friends to join you in solving the puzzles in *Easy Spanish Word Power Games*. Either way, you will have hours of enjoyment and not even notice that you are building your vocabulary. To help you check your progress, complete solutions have been provided in the back of the book.

Before you plunge into *Easy Spanish Word Power Games*, here's a clue to help you along. In the Spanish alphabet, *ch, ñ,* and *ll* are individual letters; however, *rr* is a sound and does not represent a letter of the alphabet. Ready to get started?

¡Diviértete!

Contents

iii *Introduction*

iv *Contents*

1–9 **Anagramas**

   1   The Classroom
   2   The Living Room
   3   School
   4   Men's Clothing
   5   Time
   6   Food
   7   Table Settings
   8   Round Things
   9   Red Things

10–19 **Categorías**

  10   Days of the Week
  11   Numbers: 1 to 10
  12   Numbers: 11 to 20
  13   Numbers: Counting by Tens
  14   Months of the Year
  15   Twelve Colors
  16   Boys' Names
  17   Girls' Names
  18   In the Zoo
  19   Christmas

20–27	**Laberintos**
28–31	**Cruces de palabras**
32–36	**Restapalabras**
37–48	**Códigos**
37	Colors
38	Times of Day
39	Traveling
40	Women's Clothing
41	Animals
42	Drinks
43	Parts of the Body
44	Countries
45	The Family
46	Months
47	Weather
48	Buildings
49–55	**Claverbos**
56–60	**Arcos de letras**
61–70	*Answer Key*

Ejemplos de Anagramas

1. **LOREJ** — el ___reloj___

2. **PRITPEU** — el ___pupitre___

Arregla las letras para formar siete palabras que tienen algo en común.

3. **ARBNADE** — la _____

Los dibujos indican la categoría de las palabras. Por ejemplo, en esta página son cosas en "El salón de clase."

4. **RIZRAPA** — la _____

5. **NEVANTA** — la _____

6. **ATZI** — la _____

7. **DRABRORO** — el _____

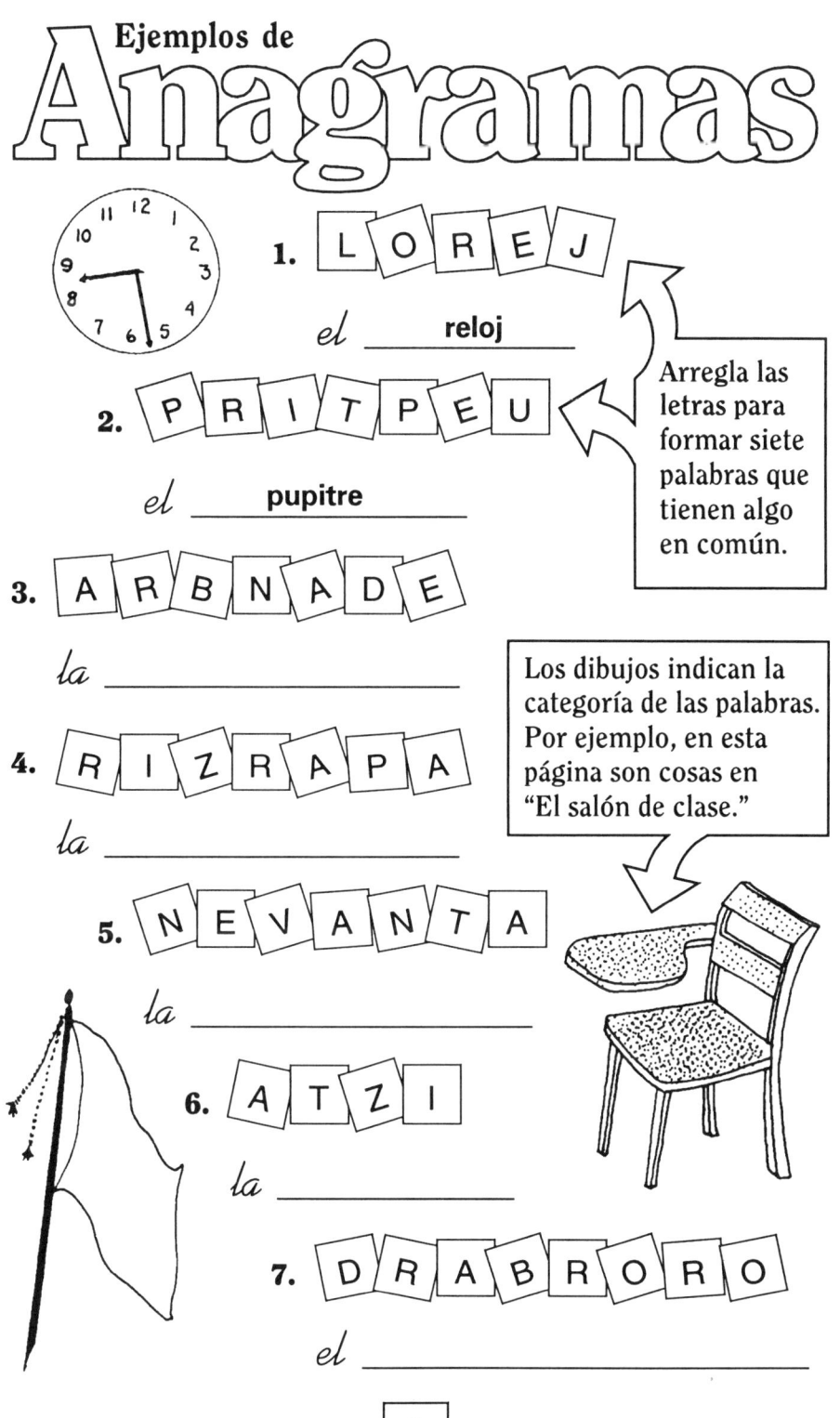

Anagramas

1. A M S E

   la _____

2. M A R P A L Á

   la _____

3. LL I A S

   la _____

4. V Ó I S N I L E T E

   la _____

5. O D R I A

   el _____

6. U R C O D A

   el _____

7. O Á S F

   el _____

Anagramas

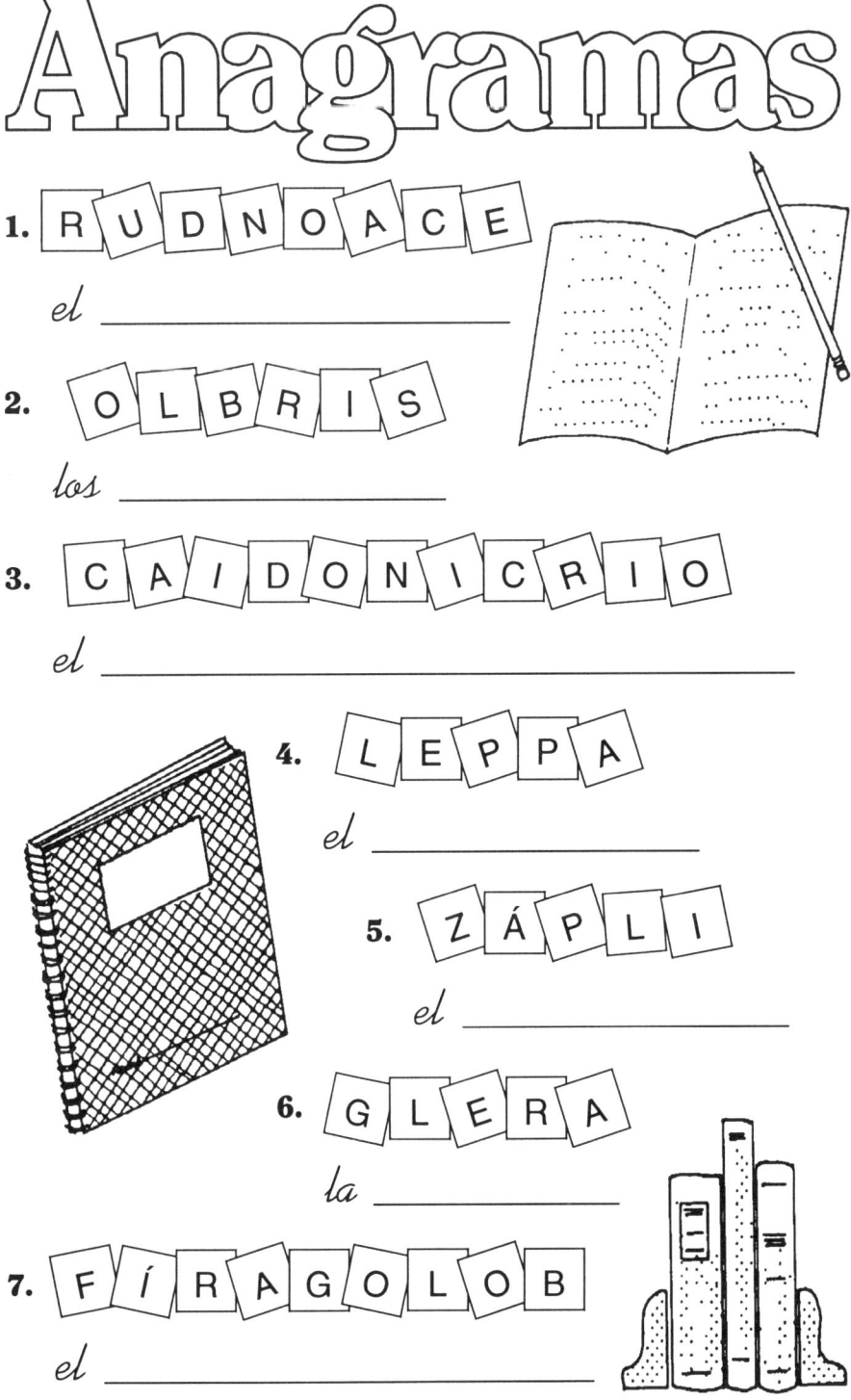

1. R U D N O A C E
   el _____

2. O L B R I S
   los _____

3. C A I D O N I C R I O
   el _____

4. L E P P A
   el _____

5. Z Á P L I
   el _____

6. G L E R A
   la _____

7. F Í R A G O L O B
   el _____

Anagramas

1. J E T A R

    el _____

2. I C A S M A

    la _____

3. E L S A T O P N A N

    los _____

4. A R A T C O B

    la _____

5. A R R G O

    la _____

6. E T I S A M A C

    la _____

7. N A S C L I C E T E

    los _____

Anagramas

1.
   la _____

2.
   el _____

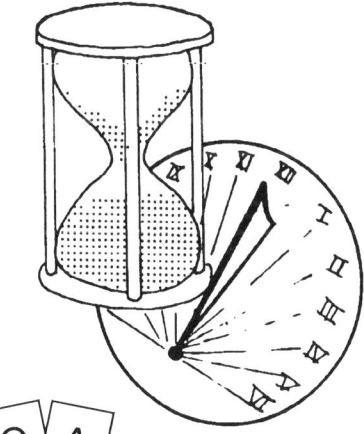

3. ÑOA
   el _____

4.
   el _____

5. DUSNOGE
   el _____

6. ÍDA
   el _____

7. MENAAS
   la _____

5

Anagramas

1. P O A S

   la _____

2. U O S E Q

   el _____

3. S E R P O T

   el _____

4. U R A F T

   la _____

5. D E C O P S A

   el _____

6. CH L E E

   la _____

7. A C R E N

   la _____

Anagramas

1. A T Z A
   la _____

2. V A R E T I S E LL
   la _____

3. S A V O
   el _____

4. T O L A P
   el _____

5. O CH U LL I C
   el _____

6. R U C A CH A
   la _____

7. E O D R E N T
   el _____

Anagramas

1. NUAL

   la _____

2. OSL

   el _____

3. BLOOG

   el _____

4. ALTEPO

   la _____

5. RAJNANA

   la _____

6. DOMUN

   el _____

7. LUÍCROC

   el _____

Anagramas

1. A Z N A M A N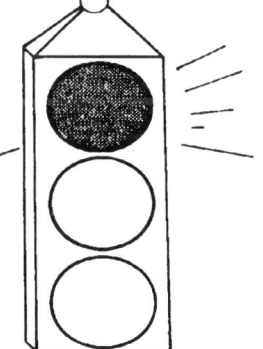
   la _____

2. M O F Á S E R O
   el _____

3. R A F E S
   la _____

4. E M O T A T
   el _____

5. C A Z E R E
   la _____

6. Í N D A S A
   la _____

7. G R A S E N
   la _____

Ejemplo de Categorías

LOS DÍAS DE LA SEMANA

Todas las palabras de este bosquejo de crucigramas son de la misma categoría.

L U N E S

Se te dan unas letras o una palabra para ayudarte a empezar.

¡Ojo! Hay tres días con el mismo número de letras.

Tienes que averiguar y colocar las otras palabras correctamente.

Categorías

NÚMEROS: DEL 1 AL 10

Categorías

NÚMEROS: DEL 11 AL 20

Categorías

NÚMEROS: POR DIEZ

Categorías

LOS MESES DEL AÑO

Categorías

DOCE COLORES

Categorías

NOMBRES: MUCHACHOS

Categorías

NOMBRES: MUCHACHAS

Categorías

EN EL ZOOLÓGICO

Categorías

PALABRAS DE NAVIDAD

Ejemplo del Laberinto

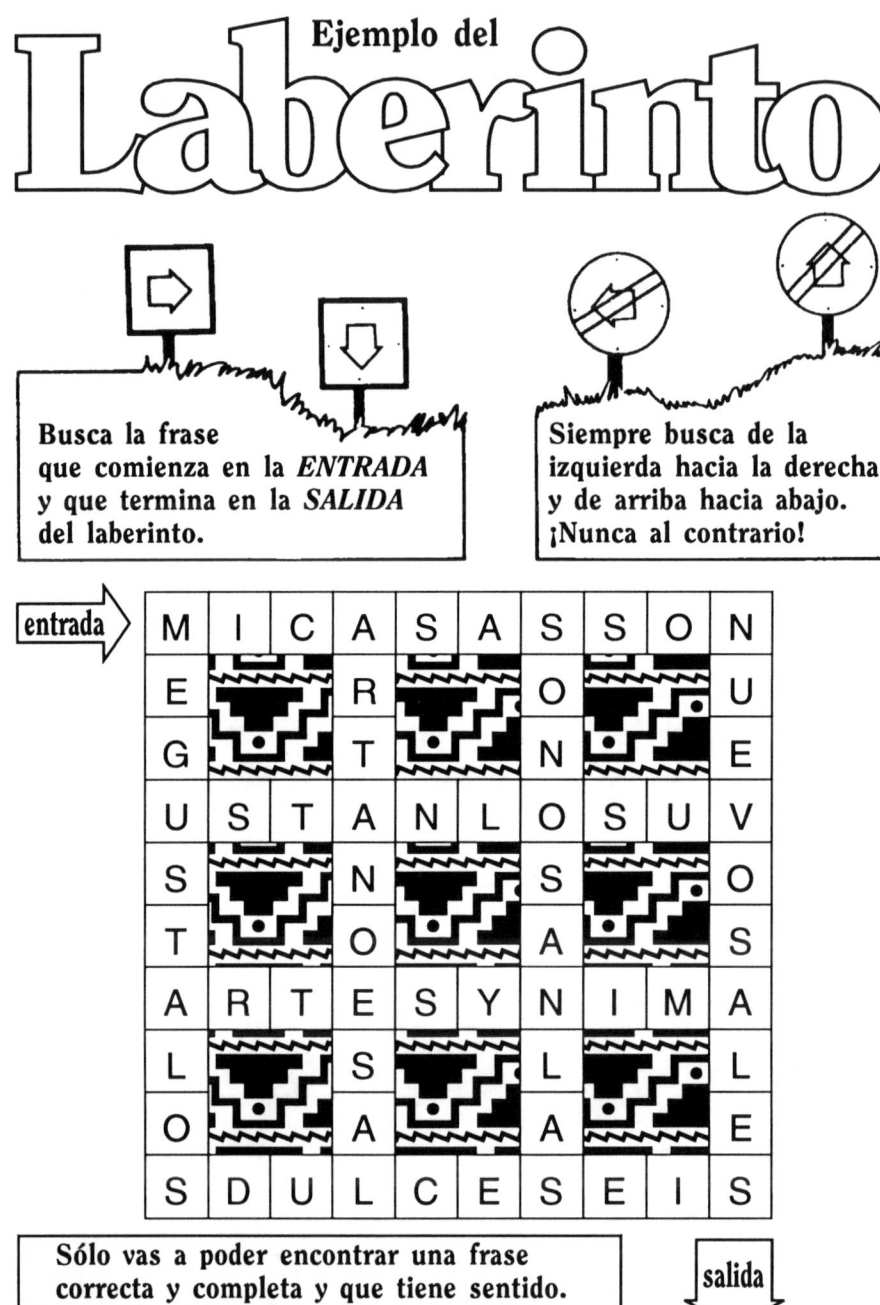

Busca la frase que comienza en la *ENTRADA* y que termina en la *SALIDA* del laberinto.

Siempre busca de la izquierda hacia la derecha y de arriba hacia abajo. ¡Nunca al contrario!

Sólo vas a poder encontrar una frase correcta y completa y que tiene sentido.

La frase del laberinto:

~~Mi casas~~?   ~~Me gusta~~? tos

M _____ s.

Laberinto

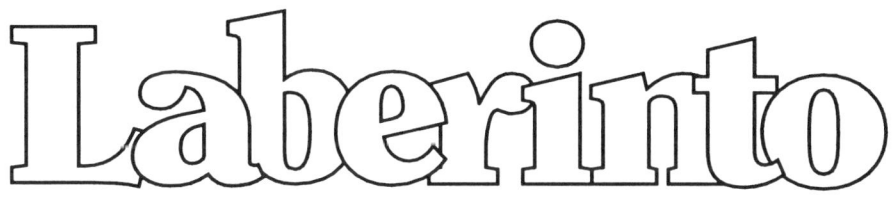

	E	S	T	O	Y	E	N	C	A	N
	N			Y			L			T
	M			M			A			A
	I	S	M	U	Y	B	I	E	N	G
	C			CH			G			R
	U			O			L			A
	A	R	T	O	F	I	E	L	A	C
	T			S			S			I
	R			O			I			A
	O	S	A	L	A	S	A	Ñ	O	S

La frase del laberinto:

E _____ s.

Laberinto

La frase del laberinto:

L _____ s.

Laberinto

entrada →

L	A	F	I	E	S	T	A	E	S
O			E			A			D
S			S			S			I
C	O	S	T	A	S	N	O	A	V
O			A			O			E
R			D			S			R
A	L	D	U	R	A	A	M	I	T
Z			R			L			I
O			A			E			D
N	E	S	P	A	L	P	I	T	A

salida ↓

La frase del laberinto:

L _____ a.

Laberinto

La frase del laberinto:

H _____ o.

Laberinto

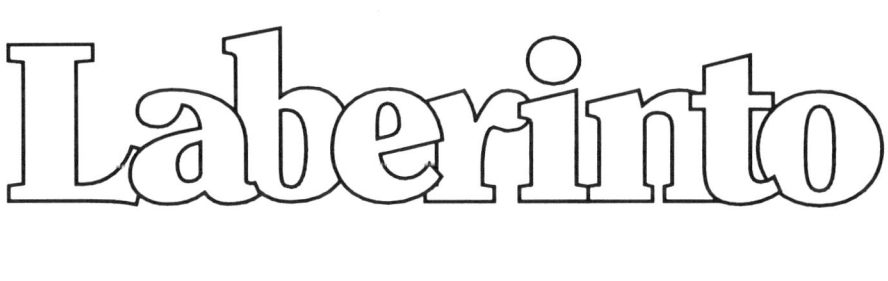

entrada →

¿T	U	S	H	E	R	M	A	N	O
E			O			A			S
G			R			N			E
U	S	T	A	N	S	E	R	E	N
S			S			S			E
T			Y			E			L
A	T	R	A	R	M	S	O	N	T
L			B			T			R
A			A			Á			E
V	I	A	J	A	R	B	I	E	N?

salida ↓

La frase del laberinto:

¿T _____ n?

Laberinto

La frase del laberinto:

P _____ r.

Laberinto

entrada →

L	O	S	G	A	T	O	S	E	S
A			R			S			T
A			I			A			Á
M	I	S	T	U	N	G	R	A	N
I			A			U			E
G			D			A			N
O	T	R	E	S	U	N	R	I	C
S			L			T			O
T			T			E			D
I	E	N	E	M	Á	S	O	R	O

→ salida

La frase del laberinto:

L _____ O.

Ejemplo de Cruz de palabras

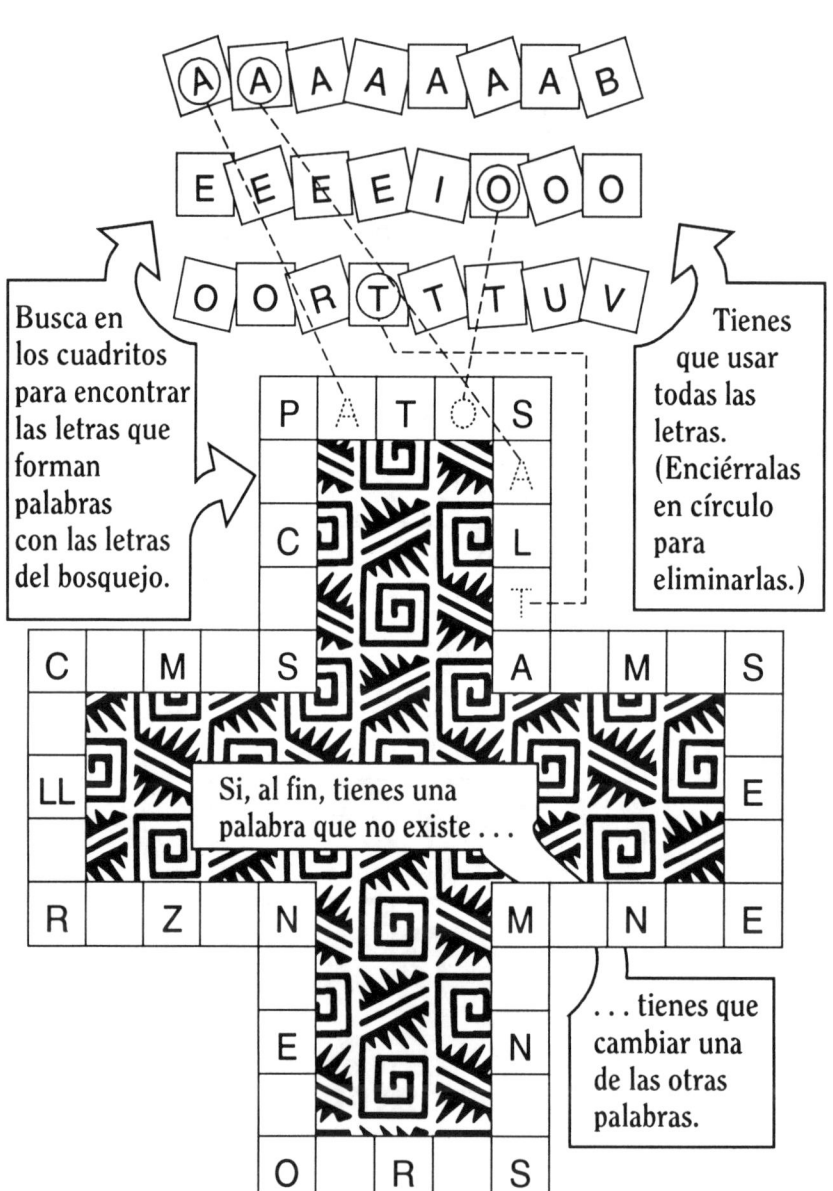

Cruz de palabras

A A A A A A A A

E E C I I L Ñ O

O O O Ó T T U U

Cruz de palabras

Cruz de palabras

Ejemplo de Restapalabras

Para resolver los problemas de Restapalabras, tienes que adivinar las palabras del arte y restar las letras de la segunda palabra de las de la primera palabra.

1. F A L T A − A L T A = F

2. C A R R O − C A R O = R

3. _ _ _ _ _ _ − _ _ _ _ _ = _ _ _ _ _ ,

4. _ _ _ _ _ − _ _ _ _ = _ _ _ _

5. _ _ _ _ _ − _ _ _ _ = _ _ _

Las letras que quedan forman una palabra que contesta la pregunta.

¿Los días de invierno?

Restapalabras

1. _ _ _ _ _ – _ _ _ _   = _ _ _ _ _

2. _ _ _ _ – _ _ _   = _ _ _ _

3. _ _ _ _ _ _ – _ _ _ _ _   = _ _ _ _

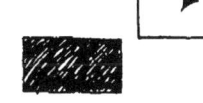  

4. _ _ _ _ _ _ – _ _ _ _   = _ _ _ _

5. _ _ _ _ _ – _ _ _ _   = _ _ _ _

   **1 - 2 - ?**

6. _ _ _ _ _ _ – _ _ _ _   = _ _ _ _

¿Qué pájaro es?

Restapalabras

1. _ _ _ _ _ _ − _ _ _ _ _ _ = _ _ _ _ _ _

2. _ _ _ _ _ _ − _ _ _ _ _ _ = _ _ _ _ _ _

3. _ _ _ _ _ _ − _ _ _ _ _ _ = _ _ _ _ _ _

4. _ _ _ _ _ _ − _ _ _ _ _ _ = _ _ _ _ _ _

5. _ _ _ _ _ _ − _ _ _ _ _ _ = _ _ _ _ _ _

6. _ _ _ _ _ _ − _ _ _ _ _ _ = _ _ _ _ _ _

7. _ _ _ _ _ _ − _ _ _ _ _ _ = _ _ _ _ _ _

¿No es la primera?

Restapalabras

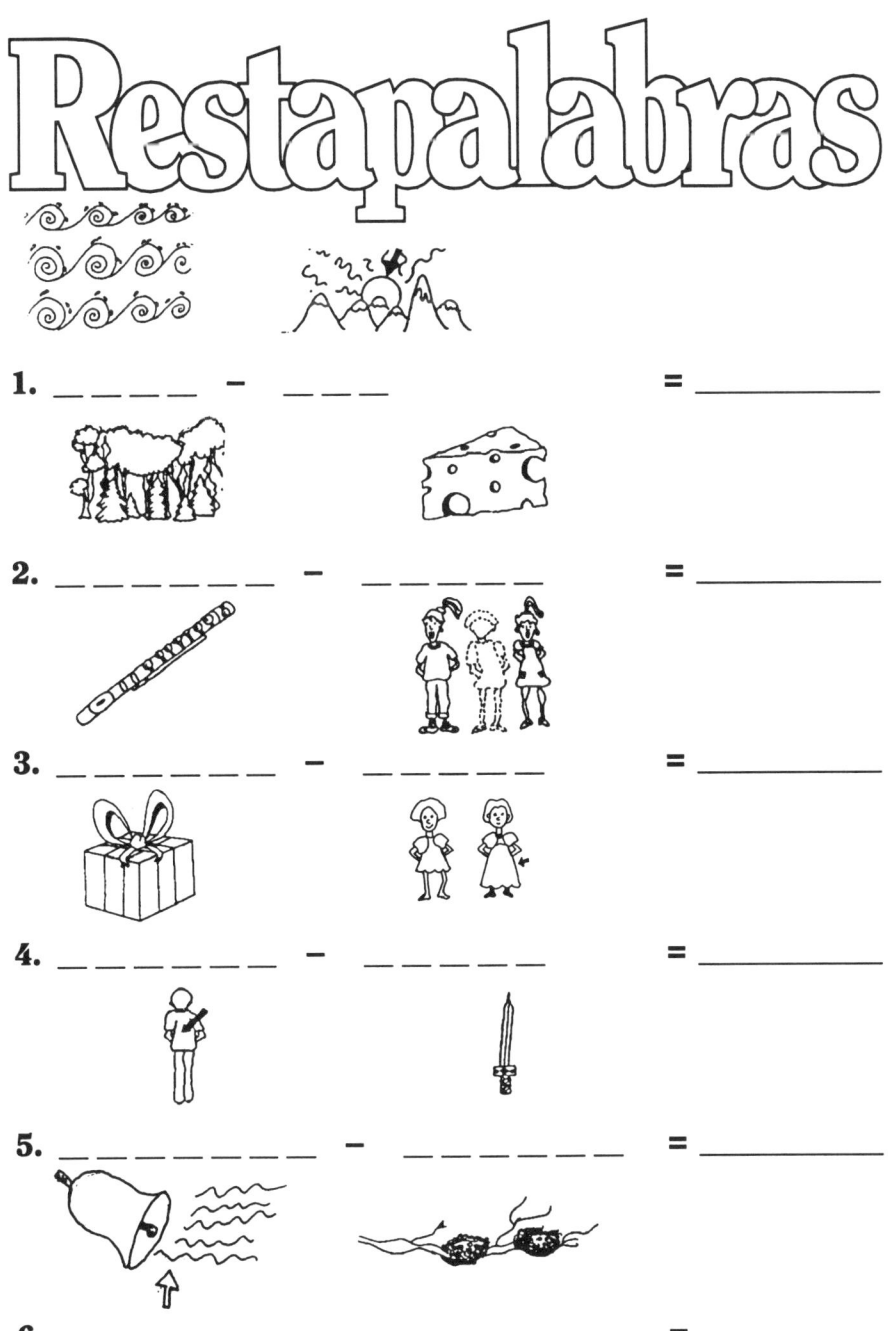

1. _ _ _ _ _   −   _ _ _ _   =   _ _ _ _ _
2. _ _ _ _ _ _   −   _ _ _ _ _   =   _ _ _ _
3. _ _ _ _ _ _   −   _ _ _ _ _   =   _ _ _
4. _ _ _ _ _ _ _   −   _ _ _ _ _   =   _ _
5. _ _ _ _ _ _ _   −   _ _ _ _ _ _   =   _
6. _ _ _ _ _ _   −   _ _ _ _ _   =   _ _ _

¿Un pariente masculino?

Restapalabras 1

1. _____ − ____ = _____

2. _____ − _____ = _____
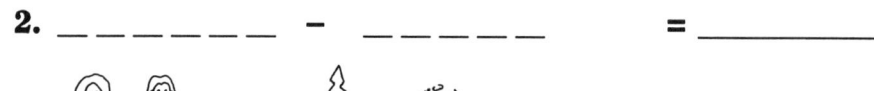

3. _____ − _____ = _____

4. _____ − ____ = _____

5. _____ − ____ = _____
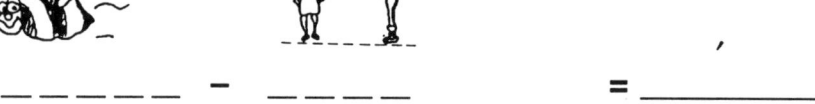

6. _____ − ____ = _____

¿Un conquistador?

Ejemplo de

Estudia bien los dibujos y la palabra clave para descubrir la categoría de las palabras para descifrar.

1. $\underset{1}{\text{N}} \underset{2}{\text{E}} \underset{3}{\text{G}} \underset{4}{\text{R}} \underset{5}{\text{O}}$ ⇐ La palabra clave

Escribe las letras identificadas por la palabra clave en las otras palabras de la lista.

2. $\underset{4}{\text{R}} \underset{5}{\text{O}} \underset{6}{\_} \underset{5}{\text{O}}$

3. $\underset{7}{\_} \underset{2}{\text{E}} \underset{4}{\text{R}} \underset{8}{\_} \underset{2}{\text{E}}$

4. $\underset{3}{\text{G}} \underset{4}{\text{R}} \underset{9}{\_} \underset{10}{\_}$

Basado en las letras que has escrito, puedes adivinar las otras letras y así descifrar todas las palabras del grupo.

5. $\underset{11}{\text{B}} \underset{12}{\text{L}} \underset{13}{\text{A}} \underset{1}{\text{N}} \underset{14}{\text{C}} \underset{5}{\text{O}}$

6. $\underset{13}{\_} \underset{15}{\_} \underset{13}{\_} \underset{4}{\text{R}} \underset{9}{\_} \underset{16}{\_} \underset{5}{\text{O}}$

7. $\underset{4}{\text{R}} \underset{5}{\text{O}} \underset{10}{\_} \underset{13}{\_} \underset{8}{\_} \underset{5}{\text{O}}$

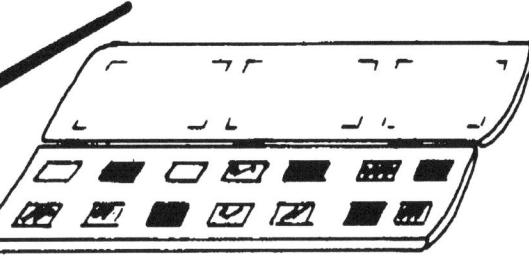

37

1. $\underset{\text{M A Ñ A N A}}{1\ 2\ 3\ 2\ 4\ 2}$

2. $\underset{\_\ \_\ \_\ \_\ \_\ \_}{1\ 5\ 4\ 6\ 7\ 8}$

3. $\underset{\_\ \_\ \_\ \_}{4\ 8\ 9\ 10}$

4. $\underset{\_\ \_\ \_\ \_\ \_}{7\ 2\ 11\ 12\ 10}$

5. $\underset{\_\ \_\ \_\ \_\ \_\ \_\ \_\ \_}{1\ 10\ 12\ 5\ 8\ 12\ 5\ 2}$

6. $\underset{\_\ \_\ \_\ \_}{13\ 8\ 11\ 2}$

7. $\underset{\_\ \_\ \_\ \_\ \_\ \_\ \_\ \_\ \_}{1\ 2\ 12\ 11\ 6\ 14\ 2\ 12\ 2}$

Códigos

1. $\underset{1}{\text{A}}\ \underset{2}{\text{U}}\ \underset{3}{\text{T}}\ \underset{4}{\text{O}}$

2. 5 1 6 7 3 1
   _ _ _ _ _ _

3. 1 2 3 4 8 2, 9
   _ _ _ _ _ _ _

4. 3 10 7 11
   _ _ _ _

5. 3 1 12 13
   _ _ _ _

6. 1 14 13 4, 11
   _ _ _ _ _

7. 8 1 10 15 4
   _ _ _ _ _

1.
   1 2 3 4 2
   F A L D A

2.
   5 3 6 7 2
   _ _ _ _ _

3.
   8 9 4 10 2 7
   _ _ _ _ _ _

4.
   11 9 7 12 10 4 13
   _ _ _ _ _ _ _

5.
   7 13 8 5 14 9 14 13
   _ _ _ _ _ _ _ _

6.
   5 13 12 2 7
   _ _ _ _ _

7.
   15 2 16 2 12 13 7
   _ _ _ _ _ _ _

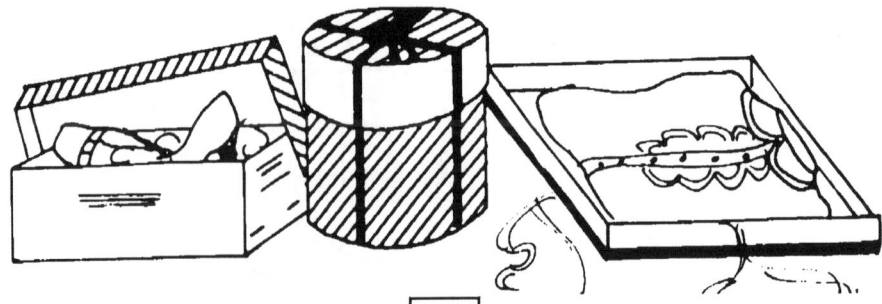

1. $\overset{1}{\underset{}{\text{G}}}\ \overset{2}{\underset{}{\text{A}}}\ \overset{3}{\underset{}{\text{T}}}\ \overset{4}{\underset{}{\text{O}}}$

2. 1 2 5 6 7 2
    _ _ _ _ _ _

3. 3 4 8 4
    _ _ _ _

4. 9 2 10 2 5 4
    _ _ _ _ _ _

5. 9 11 8 12 4
    _ _ _ _ _

6. 9 2 10 8 2
    _ _ _ _ _

7. 4 13 11 14 2
    _ _ _ _ _

41

Códigos

1. <u>1</u> <u>2</u> <u>3</u> <u>1</u> <u>2</u> <u>4</u> <u>5</u> <u>6</u>
   R E F R E S C O

2. <u>7</u> <u>2</u>,
   _ _

3. <u>5</u> <u>8</u> <u>3</u> <u>2</u>,
   _ _ _ _

4. <u>9</u> <u>2</u> <u>10</u> <u>2</u>
   _ _ _ _

5. <u>9</u> <u>11</u> <u>12</u> <u>6</u> <u>13</u> <u>8</u> <u>14</u> <u>8</u>
   _ _ _ _ _ _ _ _

6. <u>10</u> <u>6</u> <u>5</u> <u>6</u> <u>9</u> <u>8</u> <u>7</u> <u>2</u>
   _ _ _ _ _ _ _ _

7. <u>8</u> <u>15</u> <u>16</u> <u>8</u>   <u>12</u> <u>11</u> <u>13</u> <u>2</u> <u>1</u> <u>8</u> <u>9</u>
   _ _ _ _   _ _ _ _ _ _ _

1. $\underset{\text{C}}{1}\ \underset{\text{O}}{2}\ \underset{\text{D}}{3}\ \underset{\text{O}}{2}$

2. $\underset{\text{\_\_}}{3}\ \underset{\text{\_\_}}{4}\ \underset{\text{\_\_}}{3}\ \underset{\text{\_\_}}{2}\ \underset{\text{\_\_}}{5}$

3. $\underset{\text{\_\_}}{6}\ \underset{\text{\_\_}}{7}\ \underset{\text{\_\_}}{4}$

4. $\underset{\text{\_\_}}{1}\ \underset{\text{\_\_}}{8}\ \underset{\text{\_\_}}{4}\ \underset{\text{\_\_}}{9}\ \underset{\text{\_\_}}{2}$

5. $\underset{\text{\_\_}}{6}\ \underset{\text{\_\_}}{7}\ \underset{\text{\_\_}}{4}\ \underset{\text{\_\_}}{10}\ \underset{\text{\_\_}}{11}\ \underset{\text{\_\_}}{12}$

6. $\underset{\text{\_\_}}{1}\ \underset{\text{\_\_}}{12}\ \underset{\text{\_\_}}{13}\ \underset{\text{\_\_}}{4}\ \underset{\text{\_\_}}{14}\ \underset{\text{\_\_}}{12}$

7. $\underset{\text{\_\_}}{15}\ \underset{\text{\_\_}}{2}\ \underset{\text{\_\_}}{16}\ \underset{\text{\_\_}}{13}\ \underset{\text{\_\_}}{10}\ \underset{\text{\_\_}}{2}$

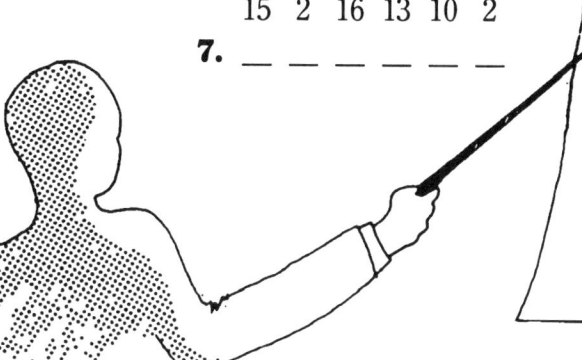

1. 1 2 3 4
   C U B A

2. 1 5 6 5 7 3 8 4
   _ _ _ _ _ _ _ _

3. 7 9 10 8 1 5
   _ _ _ _ _ _

4. 9 11 12 4 13 4
   _ _ _ _ _ _

5. 9 1 2 4 14 5 15
   _ _ _ _ _ _ _

6. 12 2 9 15 16 5   15 8 1 5
   _ _ _ _ _ _   _ _ _ _

7. 4 15 17 9 18 16 8 18 4
   _ _ _ _ _ _ _ _ _

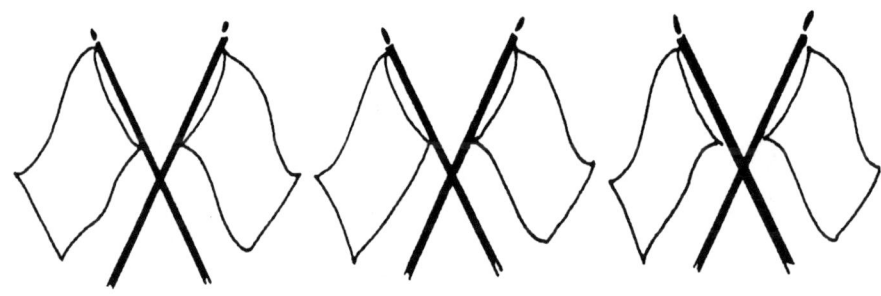

     1 2 3 4 5
1. M A D R E

     6 5 4 1 2 7 8
2. _ _ _ _ _ _ _

     9 10 2
3. _ _́ _

     2 11 12 5 13 8
4. _ _ _ _ _ _

     14 4 10 1 8
5. _ _ _ _ _

     11 10 15 2 11 12 5 13 2
6. _ _ _ _ _ _ _ _ _

     15 8 11 4 10 7 8
7. _ _ _ _ _ _ _

    1 2 3 4
1. M A Y O
     ‾ ‾ ‾ ‾

    2 5 4 6 7 4
2. __ __ __ __ __ __

    2 8 9 10 11
3. __ __ __ __ __

   12 13 14 10 4
4. __ __ __ __ __

   6 15 16 7 10 15 1 8 9 15
5. __ __ __ __ __ __ __ __ __ __

   17 15 8 9 15 9 4
6. __ __ __ __ __ __ __

   14 4 18 10 15 1 8 9 15
7. __ __ __ __ __ __ __ __ __

46

    1 2 3 4 5 6
1. V I E N T O

    7 8 1 2 9
2. _ _ _ _ _

    10 9 11 6 12
3. _ _ _ _ _

    4 2 3 1 3
4. _ _ _ _ _

    13 6 11
5. _ _ _

    12 3 11 9 14 15 9 16 6 13
6. _ _ _ _´_ _ _ _ _ _

    5 6 12 14 3 4 5 9
7. _ _ _ _ _ _ _ _

Códigos

1. $\underset{\text{C}}{\overset{1}{\rule{0.5cm}{0.4pt}}}\ \underset{\text{A}}{\overset{2}{\rule{0.5cm}{0.4pt}}}\ \underset{\text{S}}{\overset{3}{\rule{0.5cm}{0.4pt}}}\ \underset{\text{A}}{\overset{2}{\rule{0.5cm}{0.4pt}}}$

2. 4 3 1 5 4 6 2
   _ _ _ _ _ _ _

3. 7 4 2 7 8 9
   _ _ _ _ _ _

4. 7 10 4 11 12 2
   _ _ _ _ _ _

5. 10 13 6 4 3 10 2
   _ _ _ _ _ _ _

6. 13 2 8 2 14 4
   _ _ _ _ _ _

7. 1 9 8 8 4 9 3
   _ _ _ _ _ _ _

Ejemplo de Claverbos

1. M O O C   **4.** J O B A T A R

2. B O R A   **5.** O V V I

3. U S O I E T D   **6.** N O A D

Arregla las letras para formar un verbo.

Coloca las letras en los espacios. Las letras en las cajitas deben formar una palabra que resuelve el problema de abajo.

1.   C O [M] O

2.   [ ] _ _ _

3.   _ _ _ _ [ ] _ _

4.   _ [ ] _ _ _ _ _

5.   _ [ ] _ _

6.   _ _ [ ] _

Un lugar capital: M _____

Mira la palabra clave para saber la forma de los verbos. → yo

49

Claverbos

1. R E R I S A C　　**5.** N E T S I E
2. S O T A C　　　　**6.** S T A R A T
3. I E Q R U S E　　**7.** A P S A S
4. G E J U S A

1. _ _ _ _ ☐ _ _
2. _ _ _ ☐ _
3. ☐ _ _ _ _ _ _
4. _ ☐ _ _ _ _
5. _ _ ☐ _ _ _
6. _ _ _ ☐ _ _
7. _ _ _ ☐ _

Parte del equipo: la _____

tú

Claverbos

1. O B E M E B S   **5.** S H E C O M A

2. E V O M S   **6.** I M A L O B A S

3. P A S T E C O M A   **7.** LL A S O R O M

4. M A S O D

1. _ _ _ ☐ _ _ _

2. _ _ _ _ ☐

3. _ _ _ ☐ _ _ _ _ _

4. _ ☐ _ _ _

5. _ _ ☐ _ _ _ _

6. _ _ ☐ _ _ _ _ _

7. _ ☐ _ _ _ _ _

La nueva frontera: el _____

nosotros

51

Claverbos

1. N A S C A

2. N O N T A M

3. I N A C M A N

4. E L E N

5. J A B N A

6. D A R O N A

7. CH U E S C N A

1. _ _ ☐ _ _

2. _ ☐ _ _ _ _

3. _ _ _ _ ☐ _ _

4. _ ☐ _ _

5. _ _ ☐ _ _

6. _ _ ☐ _ _ _

7. _ ☐ _ _ _ _

En el sombrero del mago: _____

ellos / ellas / ustedes

Claverbos

1. Á N I P I S T
2. B I A S Á C A
3. D U Y A S I Á
4. M I S Á N D A
5. E S P Á I N S
6. S Í O
7. A C Á S I S

1. ☐ _ _ _ _ _ _
2. _ _ ☐ _ _ _ _
3. _ ☐ _ _ _ _ _
4. _ ☐ _ _ _ _ _
5. _ _ _ ☐ _ _ _
6. ☐ _ _
7. _ _ ☐ _ _ _

Gente cómica: _____

vosotros

Claverbos

1. A G P A
2. U S E B
3. N E T U C A
4. A R I M
5. B R E S C E I
6. Ñ A A B
7. C U T E A S A

1. _ _ ☐ _
2. _ ☐ _ _
3. _ _ ☐ _ _ _
4. _ _ ☐ _
5. _ _ _ ☐ _ _ _
6. _ ☐ _ _
7. _ _ _ _ ☐ _ _

Acontecimientos históricos: _____

él / ella / usted

54

1. N E A R O M R A
2. R E N P O
3. F E M R A R E N
4. D R A C R E R O
5. L A R T A S
6. E R C I D
7. O G R E S C E

1. _ _ _ ☐ _ _ _ _
2. _ _ _ ☐ _
3. _ _ _ _ ☐ _ _ _
4. _ _ ☐ _ _ _ _ _
5. _ _ _ ☐ _
6. ☐ _ _ _ _
7. _ _ _ ☐ _ _ _

Aquí se vende de todo: _____

infinitivo

Ejemplo del Arco de letras

¿Cuántas palabras puedes encontrar?

Si quieres, añade un acento.

E S T A N T O T R A B A J O Y A C E L O M A T A R D E

20 PALABRAS

Forma las palabras agrupando las letras de izquierda a derecha en el orden en que aparecen en el arco.

1. es
2. esta
3. están (está)
4. tan
5. tanto
6. o
7. otra
8. _____
9. _____
10. _____
11. _____
12. _____
13. _____
14. _____
15. _____
16. _____
17. _____
18. _____
19. _____
20. _____

★ _____
★ _____
★ _____
★ _____
_____
_____
_____
_____

Debes encontrar veinte palabras por lo menos.

Si encuentras más, escríbelas en las líneas con estrellas.

Arco de letras

E N C A N T A R E A L E S C O L A R C O M I L L A M A

20 PALABRAS O MÁS

1. _____
2. _____
3. _____
4. _____
5. _____
6. _____
7. _____
8. _____
9. _____
10. _____
11. _____
12. _____
13. _____
14. _____
15. _____
16. _____
17. _____
18. _____
19. _____
20. _____
★ _____
★ _____
★ _____
★ _____

Arco de letras

MIRANADARCONDATOMONOTACOSAR

20 PALABRAS O MÁS

1. _____
2. _____
3. _____
4. _____
5. _____
6. _____
7. _____
8. _____
9. _____
10. _____
11. _____
12. _____
13. _____
14. _____
15. _____
16. _____
17. _____
18. _____
19. _____
20. _____
★ _____
★ _____
★ _____
★ _____
★ _____
★ _____
★ _____

Arco de letras

VERDESTAMPARARTEMORADIOSON

20 PALABRAS O MÁS

1. _____
2. _____
3. _____
4. _____
5. _____
6. _____
7. _____
8. _____
9. _____
10. _____
11. _____
12. _____
13. _____
14. _____
15. _____
16. _____
17. _____
18. _____
19. _____
20. _____
★ _____
★ _____
★ _____
★ _____
★ _____
★ _____
★ _____
★ _____
★ _____

Arco de letras

L O R O J O S E C O N O C E L O T E C L A V E S T I D O

20 PALABRAS O MÁS

1. _____	13. _____	★ _____
2. _____	14. _____	★ _____
3. _____	15. _____	★ _____
4. _____	16. _____	★ _____
5. _____	17. _____	★ _____
6. _____	18. _____	★ _____
7. _____	19. _____	★ _____
8. _____	20. _____	★ _____
9. _____	21. _____	_____
10. _____	22. _____	_____
11. _____	23. _____	_____
12. _____	24. _____	_____

Answer Key

ANAGRAMAS .... **Page 1**

1. RELOJ   (EL SALÓN
2. PUPITRE   DE CLASE)
3. BANDERA
4. PIZARRA
5. VENTANA
6. TIZA
7. BORRADOR

ANAGRAMAS .... **Page 2**

1. MESA   (LA SALA)
2. LÁMPARA
3. SILLA
4. TELEVISIÓN
5. RADIO
6. CUADRO
7. SOFÁ

ANAGRAMAS .... **Page 3**

1. CUADERNO   (LOS
2. LIBROS   ESTUDIOS)
3. DICCIONARIO
4. PAPEL
5. LÁPIZ
6. REGLA
7. BOLÍGRAFO

ANAGRAMAS .... **Page 4**

1. TRAJE   (LA ROPA
2. CAMISA   MASCULINA)
3. PANTALONES
4. CORBATA
5. GORRA
6. CAMISETA
7. CALCETINES

ANAGRAMAS .... **Page 5**

1. HORA   (EL TIEMPO)
2. MINUTO
3. AÑO
4. MES
5. SEGUNDO
6. DÍA
7. SEMANA

ANAGRAMAS .... **Page 6**

1. SOPA   (LA COMIDA)
2. QUESO
3. POSTRE
4. FRUTA
5. PESCADO
6. LECHE
7. CARNE

ANAGRAMAS .... **Page 7**

1. TAZA   (LOS
2. SERVILLETA   CUBIERTOS)
3. VASO
4. PLATO
5. CUCHILLO
6. CUCHARA
7. TENEDOR

ANAGRAMAS .... **Page 8**

1. LUNA   (COSAS
2. SOL   REDONDAS)
3. GLOBO
4. PELOTA
5. NARANJA
6. MUNDO
7. CÍRCULO

ANAGRAMAS .... **Page 9**

1. MANZANA   (COSAS
2. SEMÁFORO   ROJAS)
3. FRESA
4. TOMATE
5. CEREZA
6. SANDÍA
7. SANGRE

CATEGORÍAS .... **Page 10**
(LOS DÍAS DE LA SEMANA)

```
        J
L U N E S
    E       Á       V
    V       B       I
    E   M A R T E S
    S       D       R
          D O M I N G O
                I   E
                É   S
                R
                C
                O
                L
                E
                S
```

CATEGORÍAS .... **Page 11**
(NÚMEROS: DEL 1 AL 10)

```
        U           N       D O S
        N                   U       I
C I N C O       S I E T E
        U           E       V       Z
        A           I       E
        T R E S
        R
        O CH O
```

CATEGORÍAS .... **Page 12**
(NÚMEROS: DEL 11 AL 20)

```
            O               C
            N               A
D I E C I S I E T E         D
I       E               O       I
E   D               T R E C E
C   O       Q       C       C
D I E C I N U E V E         I
O       E       I       E       S
CH              N       I       É
O               C       N       I
                E       T       S
                        E
```

CATEGORÍAS .... **Page 13**
(NÚMEROS: POR DIEZ)

```
            D   C I N C U E N T A
            I   I       U
          S E S E N T A
            Z   N       R
                N   S E T E N T A
                O       N
                V E I N T E
                E       A
                N
                T R E I N T A
O CH E N T A
```

CATEGORÍAS........................Page 14
(LOS MESES DEL AÑO)

```
                                F
                D I C I E M B R E
                              B
                              R
        N                     E
        O C T U B R E          R
        V               M A Y O
        I               A
    S E P T I E M B R E
        M         N     Z
        B         E     O
        R     A B R I L
        E     G   O
              O
              S
              T
    J U N I O
    U
    L
    I
    O
```

CATEGORÍAS........................Page 15
(DOCE COLORES)

```
        V E R D E
        I
        O   A
      B L A N C O
        E   A
        T   R         R
          A M A R I LL O       C
              N       S        O
              J       A Z U L
      M O R A D O     D        O
      A       D       O        R
      R       O                C
    G R I S                    A
      Ó                        F
      N E G R O                É
```

CATEGORÍAS........................Page 16
(NOMBRES: MUCHACHOS)

```
                          P
        J           A L F R E D O
        O             R   D       D
        R A F A E L   A   R       I
        G             N   O       E
    F E L I P E       C           G
    E   U         D   G U I LL E R M O
    R   I         U   S
    N   S   R A Ú L   C
    A           R     J O S É
    N           D     U
    D           O C T A V I O
    O           N
```

CATEGORÍAS........................Page 17
(NOMBRES: MUCHACHAS)

```
            S A R A           J
            N                 U
            M A R G A R I T A
            A                 N
            R           J U L I A
            Í                 T
            A M A L I A       A
            D
            E
            L U I S A
            A   N
      R         É
    D O L O R E S     I
      S         L     S
      A         E     A
                N     B
            C A R M E N
                      L
```

CATEGORÍAS ...... Page 18
(EN EL ZOOLÓGICO)

```
                    G O R I L A
              O     I         E
    A V E S T R U Z           O
              O     A         P
                    F         A
                    A         R
        T           C         D
    H I P O P Ó T A M O     S
        G           M         E
        R           E         R
    L E Ó N         LL        P
    O           F O C A       I
    B               E         E
    O               B         N
                    R         T
              E L E F A N T E
```

CATEGORÍAS ...... Page 19
(PALABRAS DE NAVIDAD)

```
                            C
                F A M I L I A
                E           M
                L           P
        D   I G L E S I A
        U   Z               N
    Á R B O L               A
    N       C A N C I O N E S
    G       E   A
    E       S   V E L A S
    L           I   U
                D I C I E M B R E
    E S T R E LL A   E           E
            A       D I S C O S  G
            M                    A
            B                    L
            O                    O
            R       T A R J E T A S
```

LABERINTO ...... Page 20

```
    M
    E
    G
    U S T A N L O
                S
                A
                N I M A
                      L
                      E
                      S
```

Me gustan los animales.

LABERINTO ...... Page 21

```
    E S T O
          Y
          M
    U Y B I E N G
                R
                A
                C
                I
                A
                S
```

Estoy muy bien, gracias.

LABERINTO..........................Page 22

```
L  A  S  S
         O
         N
         R  I  S  A
               S
               S
               O
               N
               B
               E  LL  A  S
```

Las sonrisas son bellas.

LABERINTO..........................Page 24

```
H
A
Y
D  O  C  E
            M
            E
            S  E  S  E
                     N
                     U
                     N  A  Ñ  O
```

Hay doce meses en un año.

LABERINTO..........................Page 23

```
L  A  F  I  E  S  T  A  E  S
                           D
                           I
                           V
                           E
                           R
                           T
                           I
                           D
                           A
```

La fiesta es divertida.

LABERINTO..........................Page 25

```
¿T
 E
 G
 U
 S
 T
 A  T  R  A
            B
            A
            J  A  R  B  I  E  N?
```

¿Te gusta trabajar bien?

LABERINTO .... Page 26

```
P I E N S A A
            N
            T
            E
            S
            D
            E H A B
                  L
                  A
                  R
```

Piensa antes de hablar.

CRUZ DE PALABRAS .... Page 28

```
              P A T O S
              E       A
              C       L
              E       T
      C O M E S       A R M A S
      O                       I
      LL                      E
      A                       T
      R E Z A N       M O N T E
          U           A
          E           N
          V           O
          O B R A S
```

LABERINTO .... Page 27

```
L
A
A
M I S T
      A
      D
      E S U N
            T
            E
            S O R O
```

La amistad es un tesoro.

CRUZ DE PALABRAS .... Page 29

```
              B U S C A
              A       L
              J       T
              A       O
      L A V A R       S A L I R
      U                       A
      N                       Z
      E                       Ó
      S E R I O       T O M A N
            T         A
            O         C
            Ñ         O
            O T R O S
```

CRUZ DE PALABRAS ....Page 30

```
            C E R D O
            R       I
            E       D
            E       O
D I C E S       S A C A R
O                       A
N                       D
D                       I
E N T R E       M E T R O
            N       E
            E       N
            R       T
            O E S T E
```

CRUZ DE PALABRAS ....Page 31

```
            T O R T A
            E       B
            N       R
            G       E
F A L S O       N A R I Z
R                       O
A                       N
S                       A
E S T Á S       B A Ñ O S
            A       E
            L       B
            Ó       E
            N E V A R
```

RESTAPALABRAS ....Page 32

FALTA - ALTA = F
CARRO - CARO = R
ESPINA - PANES = Í
OESTE - ESTE = O
SAPOS - SOPA = S

¿LOS DÍAS DE INVIERNO? = FRÍOS

RESTAPALABRAS ....Page 33

PLUMA - MULA = P
AZUL - LUZ = A
BLANCO - BANCO = L
BUENO - NUBE = O
COMAS - SACO = M
ARTES - TRES = A

¿QUÉ PÁJARO ES? = PALOMA

RESTAPALABRAS ....Page 34

LABIOS - BAILO = S
OREJA - ROJA = E
GLOBO - LOBO = G
CUARTO - CORTA = U
CANTO - TACO = N
CERDO - CERO = D
PIANO - PINO = A

¿NO ES LA PRIMERA? = SEGUNDA

RESTAPALABRAS ....Page 35

OLAS - SOL = A
BOSQUE - QUESO = B
FLAUTA - FALTA = U
REGALO - LARGO = E
ESPALDA - ESPADA = L
SONIDO - NIDOS = O

¿UN PARIENTE MASCULINO? = ABUELO

RESTAPALABRAS ....Page 36

CUNA - UNA = C
NOVIOS - VINOS = O
LARGO - LAGO = R
TRES - RES = T
ABEJA - BAJA = É
TAPAS - PATA = S

¿UN CONQUISTADOR? = CORTÉS

CÓDIGOS..................Page 37

1. NEGRO   (LOS COLORES)
2. ROJO
3. VERDE
4. GRIS
5. BLANCO
6. AMARILLO
7. ROSADO

CÓDIGOS..................Page 38

1. MAÑANA   (MOMENTOS EN EL DÍA)
2. MINUTO
3. NOCHE
4. TARDE
5. MEDIODÍA
6. HORA
7. MADRUGADA

CÓDIGOS..................Page 39

1. AUTO   (LOS VIAJES)
2. MALETA
3. AUTOBÚS
4. TREN
5. TAXI
6. AVIÓN
7. BARCO

CÓDIGOS..................Page 40

1. FALDA   (LA ROPA FEMENINA)
2. BLUSA
3. MEDIAS
4. VESTIDO
5. SOMBRERO
6. BOTAS
7. ZAPATOS

CÓDIGOS..................Page 41

1. GATO   (LOS ANIMALES)
2. GALLINA
3. TORO
4. CABALLO
5. CERDO
6. CABRA
7. OVEJA

CÓDIGOS..................Page 42

1. REFRESCO   (LAS BEBIDAS)
2. TÉ
3. CAFÉ
4. LECHE
5. LIMONADA
6. CHOCOLATE
7. AGUA MINERAL

CÓDIGOS..................Page 43

1. CODO   (LAS PARTES DEL CUERPO)
2. DEDOS
3. PIE
4. CUELLO
5. PIERNA
6. CABEZA
7. HOMBRO

CÓDIGOS..................Page 44

1. CUBA   (LOS PAÍSES)
2. COLOMBIA
3. MÉXICO
4. ESPAÑA
5. ECUADOR
6. PUERTO RICO
7. ARGENTINA

CÓDIGOS..................Page 45

1. MADRE   (LA FAMILIA)
2. HERMANO
3. TÍA
4. ABUELO
5. PRIMO
6. BISABUELA
7. SOBRINO

CÓDIGOS .... Page 46

1. MAYO   (LOS MESES)
2. AGOSTO
3. ABRIL
4. JUNIO
5. SEPTIEMBRE
6. FEBRERO
7. NOVIEMBRE

CÓDIGOS .... Page 47

1. VIENTO   (EL TIEMPO)
2. LLUVIA
3. CALOR
4. NIEVE
5. SOL
6. RELÁMPAGOS
7. TORMENTA

CÓDIGOS .... Page 48

1. CASA   (LOS EDIFICIOS)
2. ESCUELA
3. TEATRO
4. TIENDA
5. IGLESIA
6. GARAJE
7. CORREOS

CLAVERBOS .... Page 49

1. COMO
2. ABRO
3. ESTUDIO
4. TRABAJO
5. VIVO
6. ANDO *or* NADO

Un lugar capital: Madrid

CLAVERBOS .... Page 50

1. CIERRAS
2. TOCAS
3. QUIERES
4. JUEGAS
5. TIENES
6. TRATAS
7. PASAS

Parte del equipo: la raqueta

CLAVERBOS .... Page 51

1. BEBEMOS
2. VEMOS
3. ACEPTAMOS
4. DAMOS
5. HACEMOS
6. BAILAMOS
7. LLORAMOS

La nueva frontera: el espacio

CLAVERBOS .... Page 52

1. SACAN
2. MONTAN
3. CAMINAN
4. LEEN
5. BAJAN
6. ADORAN
7. ESCUCHAN

En el sombrero del mago: conejos

CLAVERBOS .... Page 53

1. PINTÁIS
2. ACABÁIS
3. AYUDÁIS
4. MANDÁIS
5. PENSÁIS
6. OÍS
7. CASÁIS

Gente cómica: payasos

CLAVERBOS .... **Page 54**

1. PAGA
2. SUBE
3. CUENTA
4. MIRA
5. ESCRIBE
6. BAÑA
7. ACUESTA

Acontecimientos históricos: guerras

ARCO DE LETRAS .... **Page 58**

MI	DA	TOMO
MIRA	DAR	MONO
MIRAN	ARCO	NO
IRA	ARCÓN	NOTA
IRÁN	CON	TACO
RANA	ONDA	TACOS
ANA	DATO	COSA
NADA	ATO	OSA
NADAR	ÁTOMO	OSAR

CLAVERBOS .... **Page 55**

1. ENAMORAR
2. PONER
3. ENFERMAR
4. RECORDAR
5. SALTAR
6. DECIR
7. ESCOGER

Aquí se vende de todo: mercado

ARCO DE LETRAS .... **Page 59**

VE	AMPARAR	MORA
VER	PAR	ORA
VERDE	PARA	RADIO
VERDES	PARAR	RADIOS
DE	PARARTE	A
ES	ARA	ADIÓS
ESTA	ARAR	DIO
ESTÁ	ARTE	DIOS
ESTAMPA	TEMO	OSO
AMPARA	TEMOR	SON

ARCO DE LETRAS .... **Page 56**

ES	ABAJO	LOMA
ESTA (ESTÁ)	BAJO	MATA
ESTÁN	AJO	MATAR
TAN	JOYA	ATA
TANTO	YA	ATAR
OTRA	YACE	TARDE
TRABA	CELO	ARDE
TRABAJO	LO	DE

ARCO DE LETRAS .... **Page 60**

LO	CON	CLAVES
LORO	CONO	LA
ORO	NO	LAVE
ROJO	OCELOTE	LAVES
ROJOS	CELO	AVE
OJO	ELOTE	AVES
OJOS	EL (ÉL)	VE
JOSÉ	LOTE	VES
SE (SÉ)	TE (TÉ)	VESTIDO
SECO	TECLA	IDO
ECO	CLAVE	

ARCO DE LETRAS .... **Page 57**

EN	REALES	ARCO
ENCANTA	LES	COMILLA
ENCANTAR	ES	COMÍ
CANTA	ESCOLAR	MI (MÍ)
CANTAR	COLA	MIL
TAREA	COLAR	MILLA
ÁREA	OLA	LLAMA
REAL	LA	AMA

NTC PUZZLE AND LANGUAGE GAME BOOKS

Multilingual Resources
Puzzles & Games in Language Teaching

Spanish
Easy Spanish Word Power Games
Classroom Games in Spanish
Spanish Crossword Puzzles
Spanish Verbs and Vocabulary Bingo Games
Spanish Culture Puzzles
Spanish Vocabulary Puzzles
Let's Play Games in Spanish, 1, 2

French
Jouez le jeu!
Let's Play Games in French
Classroom Games in French
French Crossword Puzzles
French Word Games
French Grammar Puzzles
French Verbs and Vocabulary Bingo Games
French Word Games for Beginners
French Culture Puzzles

German
German Crossword Puzzles
German Word Games for Beginners
Let's Play Games in German

Italian
Italian Crossword Puzzles

Japanese
Let's Play Games in Japanese

Chinese
Let's Play Games in Chinese

For further information or a current catalog, write:
National Textbook Company
a division of *NTC Publishing Group*
4255 West Touhy Avenue
Lincolnwood, Illinois 60646-1975 U.S.A.